Sous les Sabots du Champion :
Maréchalerie et Santé du Cheval à Lubumbashi

Dr Jean Claude BINEMO KANYAMA

Copyright © 2025 Jean Claude BINEMO KANYAMA

Aucune partie de ce livre ne peut être reproduite, distribuée ou transmise sous quelque forme ou par quelque moyen que ce soit, y compris la photocopie, l'enregistrement ou d'autres méthodes électroniques ou mécaniques, sans l'autorisation écrite préalable de l'éditeur et de l'auteur, sauf dans le cas de brèves citations incorporées dans des critiques et de certaines autres utilisations non commerciales autorisées par la loi sur les droits d'auteur.

Éditeur: Upway Books
Auteur: Jean Claude BINEMO KANYAMA
Titre: Sous les Sabots du Champion : Maréchalerie et Santé du Cheval à Lubumbashi
ISBN: 978-1-917916-34-9
Couverture réalisée sur: www.canva.com

Ce livre est un ouvrage de non-fiction. Les informations qu'il contient sont basées sur les recherches, l'expérience et les connaissances des auteurs au moment de la publication. L'éditeur et les auteurs ont fait tout leur possible pour garantir l'exactitude et la fiabilité des informations, mais ils 'assument aucune responsabilité en cas d'erreurs, d'omissions ou d'interprétations contraires du sujet traité. Cette publication n'est pas destinée à se substituer à un avis ou à une consultation professionnelle. Les lecteurs sont encouragés à demander l'avis d'un professionnel si nécessaire.

contact@upwaybooks.com
www.upwaybooks.com

0. Introduction

0.1. Importance du pied dans la performance et la valeur du cheval

Le cheval est un animal de travail dont la valeur dépend de l'état de ses membres et surtout de ses pieds (Collin, 2005). C'est ainsi qu'un adage dit que : ‹ pas de pieds, pas de cheval › Ce dicton est bien connu de tous les acteurs du monde hippique. Il signifie que la santé du pied est un élément incontournable de la santé et du bienêtre du cheval. (Castelijns, 2003 ; Hennig, 2003) Pour tous les animaux, la vie à l'état sauvage maintient les pieds dans leur conformation normale ce qui n'est pas le cas avec la domestication, car le service impose aux animaux et leur hygiène de vie sont rarement en concordance avec les impératifs physiologiques, d'où l'apparition d'une pathologie de l'ongle.
En effet, un problème de pied peut, bien sûr, conduire à l'arrêt de la carrière sportive du cheval mais peut également impacter de façon très importante sa qualité de vie. Malgré son apparence robuste et dure, le pied est un organe très complexe et fragile. Les problèmes de pieds sont nombreux et font partie de la vie quotidienne des cavaliers. Si la plupart sont bénins et facilement gérables, il arrive parfois qu'ils mettent en danger la vie du cheval. Une bonne gestion de la santé du pied est donc primordiale pour assurer au cheval un confort de vie satisfaisant et permettre son utilisation. Cela passe par la gestion des pathologies mais aussi par des protocoles de prévention de la santé du pied. En outre, le pied constitue la principale zone des pathologies du cheval de sport dont

80% des lésions qui se recrutent au niveau des antérieurs (Amelineau, 2004).

La science de l'entretien de la santé du pied du cheval est un véritable travail d'équipe. Pour le cheval, cette science c'est la maréchalerie avec sa technique la plus usuelle : la ferrure (Collin, 2003). Deux professionnels accompagnent les propriétaires dans la gestion des pieds de leurs chevaux. Il s'agit du maréchal-ferrant et du vétérinaire. De façon générale le maréchal-ferrant voit le cheval de façon plus régulière alors le vétérinaire sera contacté de façon plus épisodique. Toutefois, ils ont tous les deux un rôle à jouer dans la prévention de la santé du pied du cheval.

0.2. Présentation de l'étude au Cercle Hippique de Lubumbashi

Le présent travail vise à relever l'impact de la maréchalerie au Cercle Hippique de Lubumbashi (CHL), sur les problèmes survenant aux pieds des chevaux de cette entité sportive.

0.3. Rôle de la maréchalerie (parage & ferrage)

La maréchalerie joue un rôle crucial chez le cheval sportif en assurant la protection et le soutien de ses pieds, essentiels pour la performance et le bien-être.

La maréchalerie est un élément essentiel du suivi du cheval sportif, contribuant à sa santé, à son bien-être et à ses performances.

La maréchalerie a plusieurs fonctions clés :

- **Protection du sabot:** Le ferrage protège le sabot de l'usure excessive due aux terrains variés et aux contraintes de l'entraînement ou de la compétition.
- **Soutien et équilibre:** Un parage et un ferrage appropriés favorisent un bon équilibre du pied, améliorant ainsi la locomotion et la répartition des forces lors de l'impact au sol.
- **Prévention des blessures:** En corrigeant les défauts d'aplomb et en adaptant les fers, la maréchalerie contribue à prévenir les blessures aux membres et aux articulations.
- **Amélioration des performances:** Un ferrage bien ajusté peut améliorer la fluidité des allures, la souplesse des mouvements et la capacité du cheval à effectuer des figures complexes, notamment dans les disciplines telles que le dressage.
- **Traitement des pathologies:** La maréchalerie joue un rôle important dans le traitement de certaines affections du pied, comme les boiteries ou les malformations.

0.4. Objectif du livre

Le présent livre vise à relever l'impact de la maréchalerie au Cercle Hippique de Lubumbashi (CHL), sur les problèmes survenant aux pieds des chevaux de cette entité sportive.

1. Le cheval sportif à Lubumbashi : milieu, races et exigences

1.1. Présentation du Cercle Hippique de Lubumbashi

Le Cercle Hippique de Lubumbashi (CHL) est une association sans but lucratif (asbl), créée en 1967. Le CHL regroupe les cavaliers et les propriétaires des chevaux qui ont manifesté le souci de maintenir les habitudes et l'épanouissement de l'équitation. Il vise essentiellement la pratique, l'amélioration et le développement de l'équitation sportive ainsi que le maintien de la tradition de cavalerie chez les cavaliers. Il est situé à l'Ouest de la ville de Lubumbashi, dans la province du Haut-Katanga en République Démocratique du Congo. Celle-ci appartient à la zone climatique tropicale humide de type CW6 selon la classification de KÖPPEN. Le cercle hippique de Lubumbashi est limité au Nord-ouest par la cité Karavia ; au Sud par la cité Gécamines, le quartier Penga-penga et le quartier Gbadolite, à l'Est par le quartier Kabulameshi et au Nord par le quartier Golf-Plateau. Cette ASBL vise essentiellement : la pratique de l'équitation sportive dans notre pays, l'amélioration et le développement de l'équitation, le maintien chez le cavalier des traditions de la cavalerie ainsi que l'honneur, la loyauté et l'esprit sportif. Pour une meilleure exploitation des chevaux, le cercle hippique de Lubumbashi comprend les infrastructures ci-après :

- Des prairies dont certaines sont clôturées avec des fils de fer et d'autres clôturées avec des planches de bois. Ces prairies où l'on enferme les chevaux à certaines heures de la journée, permettent à ces

dernières de brouter de l'herbe en dehors de la ration distribuée dans les boxes ;
- Des carrières dont l'une contient une pelouse sur laquelle sont organisés les concours hippiques, les autres contenant le sable ou les scories qui servent aux entraînements ;
- Une infirmerie, un dépôt d'aliment, une sellerie, des boxes des chevaux un bar et quelques maisons d'habitations pour les travailleurs.

1.2. Caractéristiques des animaux étudiés

Notre étude a porté sur 43 chevaux dont 11 poneys et 32 chevaux de race pur-sang anglais et demi- sang. Selon le sexe, ces animaux sont repartis comme suit : 2 étalons, 10 juments et 31 hongres ; tous adultes et un seul présentant un mauvais état général.
Ces chevaux ont été suivis de novembre 2009 à Mai 2010.

1.3. Méthodes

Consultation du calendrier : Avec le maréchal-ferrant, on consultait le calendrier de ferrage / parage du mois en cours pour répertorier les chevaux prévus.
Examen des aplombs : Les chevaux sélectionnés sont amenés tour à tour dans le box de ferrage pour l'examen des aplombs afin de se faire une idée exacte sur leur stature pour un meilleur parage associé ou non au ferrage.

Déferrage : Pour retirer le fer le maréchal-ferrant commence par révéler et couper les rivets des clous à l'aide du dérivoir et de la mailloche. Ensuite, le maréchal-ferrant introduit les mors des tricoises sous l'extrémité d'une des branches du fer et appuie vers le bas pour soulever la branche du fer pour dégager le fer du pied. Après, il agit de même pour tous les pieds portant des fers. Si des morceaux de clous restent dans la corne, ils sont chassés à l'aide du dérivoir.

Les fers sont déclassés après trois ferrages suite à leur usure.

Parage : Les chevaux non ferrés sont parés toutes les cinq à six semaines, mais il arrive souvent que des chevaux aient besoin d'être parés avant que ce délai se soit écoulées lorsque la corne a trop poussé ; ce qui est le cas pendant la saison des plaies. Le parage commence par un nettoyage du pied notamment la muraille, la sole, la fourchette en enlevant les parties mortifiées soit avec la rainette soit avec le rogne-pied et la mailloche. L'excès de corne est coupé à l'aide de la pince à parer ou le rogne-pied et la mailloche, en commençant par la pince pour remonter vers les talons. Ensuite, la sole est nettoyée en enlevant les parties mortifiées toujours à l'aide du rogne-pied.

2. Maréchalerie : art traditionnel ou science vétérinaire ?

2.1. Historique de la maréchalerie

La maréchalerie trouve ses racines dans les civilisations antiques, où le cheval devient indispensable. L'évolution des techniques de la ferronnerie se poursuit, influençant les sociétés à travers les âges.

2.1.1. Premières traces historiques du maréchal-ferrant dans l'Antiquité

Lorsque les hommes commencent à domestiquer les chevaux. Les civilisations anciennes, comme les Égyptiens et les Mésopotamiens, développent des techniques pour protéger les sabots de leurs chevaux. Des illustrations montrent un maréchal-ferrant utilisant des outils rudimentaires pour créer des protections en cuir. Les *Romains* innovent avec l'utilisation de plaques métalliques, marquant une étape cruciale dans l'évolution de la maréchalerie. Ces premières pratiques révèlent l'importance du cheval dans la société et l'ingéniosité des artisans de l'époque, posant les bases d'un métier qui perdurera à travers les siècles.

Les Romains innovent avec l'utilisation de plaques métalliques, marquant une étape cruciale dans l'évolution de la maréchalerie. Ces premières pratiques révèlent l'importance du cheval dans la société et l'ingéniosité des artisans de l'époque, posant les bases d'un métier qui perdurera à travers les siècles.

2.1.2. Maréchalerie au Moyen Âge

Au Moyen Âge, le maréchal-ferrant occupait une place centrale dans la société médiévale. Chargé de l'entretien et du ferrage des chevaux, il était indispensable pour la mobilité des armées et des voyageurs. Les techniques médiévales incluaient le forgeage à chaud et l'utilisation d'enclumes robustes. Les outils tels que les marteaux et les pinces étaient essentiels pour ajuster les fers. Le savoir-faire artisanal se transmettait de maître à apprenti, préservant ainsi des traditions millénaires.

Le rôle du maréchal-ferrant

Le maréchal-ferrant joue un rôle essentiel dans la société médiévale. Il assure la santé et l'efficacité des chevaux, indispensables pour le transport et les travaux agricoles. Ses compétences techniques sont variées.

- Fabrication de fers sur mesure
- Entretien des sabots
- Utilisation de l'enclume et du marteau
- Réparation des outils agricoles

Le maréchal-ferrant se trouve au cœur de l'économie médiévale. Ses services garantissent la mobilité et la productivité. Pour réussir, il doit sélectionner une enclume adaptée à chaque tâche. Sa maîtrise technique assure la pérennité des pratiques artisanales.

Techniques et outils médiévaux

Au Moyen Âge, le maréchal-ferrant utilisait des techniques précises pour forger des fers à cheval adaptés. Les instruments de forge incluaient le marteau, l'enclume et les pinces. La maîtrise du feu permettait de travailler le fer avec une grande habileté. Les outils médiévaux ont évolué, influençant les méthodes de ferronnerie traditionnelles encore en usage aujourd'hui.

2.1.3. Maréchalerie à l'époque moderne

L'époque moderne voit des innovations majeures en maréchalerie. L'apparition de nouvelles techniques, comme le fer forgé en série, transforme le métier. L'industrialisation bouleverse la production des fers, rendant le processus plus rapide et accessible. Cependant, la préservation des *techniques artisanales* reste cruciale pour certains, valorisant le savoir-faire traditionnel. Le maréchal-ferrant doit s'adapter tout en respectant cet héritage.

Innovations techniques

Au cours de l'époque moderne, la maréchalerie a connu des avancées significatives. Ces innovations ont transformé les pratiques traditionnelles, tout en préservant l'essence artisanale. Elles ont permis d'améliorer l'efficacité et la durabilité des ferrures.

- Introduction du fer forgé pour des *ferrures plus résistantes*
- Développement de clous en acier, augmentant la sécurité
- Apparition des outils mécaniques, facilitant le travail du maréchal

- Utilisation de techniques de moulage pour des ajustements précis

Impact de l'industrialisation

L'industrialisation a profondément transformé la *maréchalerie*. Les machines ont remplacé certains outils traditionnels, améliorant la production et réduisant les coûts. Les maréchaux-ferrants ont dû s'adapter à ces changements, intégrant de nouvelles techniques pour rester compétitifs. La ferronnerie, autrefois un art minutieux, est devenue plus standardisée. Cependant, cette évolution a suscité des défis, tels que la conservation des savoir-faire ancestraux. L'introduction de matériaux modernes a également influencé la conception des fers à cheval, optimisant leur résistance et durabilité. Malgré tout, la passion pour l'artisanat demeure, assurant une transmission des techniques traditionnelles.

2.1.4. Maréchalerie contemporaine

Aujourd'hui, la maréchalerie fait face à des défis tels que la concurrence industrielle et la préservation de l'artisanat. Les maréchaux-ferrants contemporains doivent jongler entre les techniques traditionnelles et les innovations modernes pour maintenir leur savoir-faire. L'importance de la formation et de la transmission des connaissances s'avère importante. La demande croissante pour des méthodes écologiques influence les pratiques. Malgré ces obstacles, la passion pour cet art ancestral reste forte.

Défis actuels

La maréchalerie contemporaine fait face à plusieurs défis. La richesse des techniques traditionnelles et l'adaptation aux nouvelles technologies sont importantes, ils doivent répondre à une demande stable mais parfois croissante avec des solutions écologiques et innovantes comme l'impression 3D.

2.1.5. Préservation des techniques traditionnelles

La préservation des techniques traditionnelles en maréchalerie demeure cruciale. Les artisans transmettent ce savoir-faire ancestral par l'apprentissage et les ateliers spécialisés. L'usage des outils d'époque et des méthodes authentiques garantit l'intégrité des pratiques. Cette conservation enrichit le patrimoine culturel tout en valorisant l'importance historique du maréchal-ferrant. Les passionnés et experts s'engagent à perpétuer ces traditions face aux défis contemporains.

2.1.6. Impact culturel et social de la maréchalerie

La *maréchalerie* transcende son rôle technique pour façonner l'identité culturelle et sociale. Les maréchaux-ferrants, piliers de la communauté, incarnent une tradition vivante.

- Symbole de force et d'habileté
- Gardien des traditions artisanales
- Connecteur entre l'homme et le cheval

La maréchalerie, au cœur de nombreuses sociétés, demeure essentielle pour comprendre notre patrimoine culturel.

2.1.7. Place du maréchal-ferrant dans la société

Le maréchal-ferrant occupe une place centrale dans la société historique. Son rôle dépasse la simple ferronnerie, influençant l'économie et la culture. Voici quelques aspects de son influence:

- Expert en soins équins, essentiel pour les transports et l'agriculture
- Artisan respecté, garant de la sécurité des chevaux
- Réputé pour ses compétences techniques et sa créativité
- Acteur clé dans les événements communautaires et foires

2.2. Matériel utilisée au CHL

Le matériel ci-dessous a été utilisé pour réaliser le ferrage, le déferrage, le parage et / ou le traitement médical chez les animaux à savoir :

- Le calendrier de ferrage ;
- Les tricoises ;
- La pince à parer ;
- Le rogne-pied ;
- La râpe ;
- La rainette ;
- Le dérivoir ;
- La mailloche ;

- Le brochoir ;
- Le marteau de forge ;
- L'enclume ;
- Le tablier en cuir ;
- La liqueur de Vilatte ;
- Le fer à cheval ;
- Les clous à ferrer.

3. Résultats de l'étude : symptômes et anomalies observés

Sur un total de 43 chevaux suivis, seuls 11 ont présenté des problèmes au parage et au ferrage. La situation générale de ferrage chez les chevaux suivis est présentée dans le tableau 1 les anomalies particulières de brochoir, puis les clous en talons enfin les autres clous. Après avoir placé les clous, le maréchal-ferrant pratique une encoche en dessous de la lame de chaque clou à l'aide de la râpe ; il coupe les bouts de la lame des clous avec les tricoises et rabat les rivets dans les encoches à l'aide de la pince à river. Pour terminer, il redonne un dernier coup de râpe et examine si les quatre pieds sont bien d'aplombs. Observées sur certains d'entre eux sont reprise dans le tableau 2 ; tandis que les symptômes ou lésions observées chez les sujets ferrés ou non ferrés dans le tableau 3.

Tableau 1 : État de la maréchalerie chez les chevaux du CHL

Sexe	Chevaux ferrés		Chevaux non ferrés	Total
	Antérieurs seulement	Antérieures et postérieurs		
Étalons	0	2	0	2
Juments	1	1	8	10
Hongres	5	15	11	31
Total	6	18	19	43

A l'observation de ce tableau, il ressort que 55,8 % des chevaux étaient ferrés dont 41,9 % aux quatre membres et 13,9

% aux antérieurs seulement.

Tableau 2 : Anomalies observées sur les chevaux étudiés

N°	Sexe	Anomalies	Autres observations
1.	Jument	-	Non ferré
2.	Jument	-	Non ferré
3.	Hongre	-	Ferré
4.	Hongre	-	Non ferré
5.	Hongre	Membres panard	Non ferré
6.	Hongre	-	Ferré
7.	Hongre	-	Ferré
8.	Hongre	-	Ferré
9.	Hongre	-	Ferré
10.	Hongre	-	Ferré
11.	Hongre	Membres Cagneux	Ferré

Il ressort de ce tableau que la majorité (81,8 %) de chevaux suivis et qui ont présenté des problèmes sont des hongres et le sabot non pigmenté constitue la majeure anomalie observée tant chez les sujets ferrés que non ferrés comparativement aux membres panards (0,9 %) et **cagneux** (0,9 %).

Tableau 3 : Symptômes ou lésions observés chez les chevaux ferrés et non ferrés

N°	Symptômes	Causes	Traitement	observation
1.	Légère boiterie	Parage excessif	-	Disparition spontanée des symptômes
2.	Rougeur de la ligne blanche	Parage excessif	-	Disparition spontanée de la lésion
3.	Légère boiterie, rougeur de La ligne blanche	Parage excessif	-	Disparition spontanée des symptômes
4.	Légère boiterie, rougeur de la ligne blanche	Parage excessif	-	Disparition spontanée des symptômes
5.	Légère boiterie, rougeur de la ligne blanche	Parage excessif	-	Disparition spontanée des symptômes
6.	Boiterie légère	Clou serrant	Retrait du clou	Disparition spontanée des symptômes après retrait du clou
7.	Boiterie légère	Clou serrant	Retrait du clou	Disparition spontanée des symptômes après retrait du clou
8.	Boiterie légère	Clou serrant	Retrait du clou	Disparition spontanée des symptômes après retrait du clou
9.	Boiterie légère	Clou serrant	Retrait du clou	Disparition spontanée des symptômes après retrait du clou
10.	Forte boiterie	Piqûre par un clou	Retrait du clou, traitement local à la liqueur de villatte	Disparition des symptômes après trois jours
11.	Forte boiterie	Piqûre par un clou	Retrait du clou, traitement local à la liqueur de villatte	Disparition des symptômes après un jour

A l'observation de ce tableau, il ressort que le parage excessif et le mauvais emplacement des clous ont été à l'origine des boiteries observées après parage et ferrage.

4. Analyse et interprétation vétérinaire

La présente analyse portera sur l'état de la maréchalerie, les anomalies observées sur les chevaux, la technique de ferrage / parage appliquée ainsi que sur les résultats obtenus au CHL. État de la Maréchalerie : Au cercle hippique de Lubumbashi, plus de la moitié des chevaux (55,8%) sont ferrés (tableau 1). En effet, le fer étant une sorte de semelle de protection pour le sabot, il prévient l'usure excessive de la corne et son éclatement. Il s'agit donc d'une prévention contre une usure trop rapide ou irrégulière de la corne chez les chevaux suite au travail auquel ils sont soumis. Sans cette protection, les pieds s'exposeraient aux dommages suite aux efforts qui leur sont demandés et la paroi s'userait de telle façon que le pied reposerait sur la sole et dans ce cas les irrégularités du sol provoqueraient de graves problèmes, notamment des contusions (Ndour, 2010 ; Rose et Hodgson, 2004). Toutefois, selon certains observateurs, les chevaux libres de leurs mouvements et se nourrissant à volonté développent une sorte d'autocorrection de leur aplomb. Par ailleurs, en le gardant dans un box 20 heures sur 24 et en les forçant à travailler sur divers terrains, on dérègle ce système d'autocorrection. Il s'avère alors nécessaire de parer voire l'obligation de ferrer le cheval en vue de soulager les parties latérales ou médiales selon le défaut de conformation et de l'utilisation qu'on en fait et surtout le préserver dans le temps (Demoix, 2000). Dans cette optique, le ferrage devient non plus un « mal nécessaire » comme on le dit trop souvent mais plutôt « un fait utile » s'il est exécuté selon les besoins biomécaniques du pied. Parmi les chevaux ferrés, la majorité (41,9%)

étaient ferrés aux quatre membres et le reste (13,9%) ne l'étaient qu'aux antérieurs. En effet, les antérieurs supportant plus de poids que les postérieurs et de ce fait, leurs sabots s'usent plus vite. Lorsque le cheval ne travaille que sur du sable ou quand il est au repos ou en pâture, il n'est forcément pas utile de ferrer les postérieurs mais il vaut mieux continuer à protéger les antérieurs (Demoix et Crevier-Demoix, 2003). Il est ressort de cette étude que parmi les chevaux ferrés, la majorité était des hongres (46,5%), les juments et les étalons ne représentant qu'équitablement 4,6%. Cette répartition ne se justifie que par la supériorité numérique des hongres dans l'exploitation et leur appartenance soit au propriétaire soit au cercle. Par ailleurs, 44% des chevaux élevés au cercle hippique de Lubumbashi, ne sont pas ferrés. Ils comprennent 8 juments et 11 hongres. En effet, d'après Webber (2002), le fer ne s'impose pas si les pieds sont de bonne conformation (durs, corne solide, fourchette bien développée). De même si un cheval est amené à ne travailler que sur des surfaces douces, ses pieds n'auront pas besoin d'être protégés. Bien que ce manque de ferrage ait pour avantage la réduction du coût d'entretien du cheval, les pieds non ferrés doivent cependant être parés toutes les six semaines au plus. En plus, si les chevaux mis au pré ensemble se donnent des coups de pieds, les pieds non ferrés, en particulier les postérieurs feront moins de dégât que les ferrés.

4.1. Anomalies

Les membres panard (0,9%) et cagneux (0,9%) n'ont été révélés que sur deux hongres (Tableau 2). D'après Vanschepdael (2003), le cheval cagneux contrairement au cheval panard a les pinces des deux pieds convergents vers l'avant. Pendant la phase de soutien, le pied dévie sa trajectoire vers l'extérieur. Cette complication de la conformation peut provoquer des interférences notamment au niveau du boulet, de l'os sésamoïde. Par ailleurs, il renchérit en stipulant que les défauts d'aplomb sont courants et souvent négligés. Ils ont pourtant des conséquences sur les articulations des jambes et également dans la partie supérieure du corps (épaule, encolure, épine dorsale). Quant aux chevaux panards et serrés du devant, ils peuvent rarement supporter un travail intensif. Cette anomalie constitue une des pires défectuosités d'aplomb des membres antérieurs (Vanschepdael, 2003). Les défectuosités d'aplomb interviennent aussi dans la production des boiteries du bas et notamment, en entraînant l'apparition de production ostéophytes au niveau de l'insertion des ligaments (Hodson et al., 2000).

4.2. Ferrage et Parage

D'après Spriet (2002), tout ferrage doit commencer par un bon parage qui est la taille de la corne avant la pose du fer. Cette opération est nécessaire afin de retire l'excès de corne qui pousse régulièrement de l'ordre de 1 cm tous les mois. Le ferrage redonne ainsi au pied son aplomb normal. On reconnaît un cheval correctement paré si la pince est dans le prolongement du paturon, de face et de profil. En outre, un bon parage est essentiel pour éviter l'apparition d'arthrose ou de tendinites diverses mais un bon fer ne pourra jamais compenser un mauvais parage. Au cercle hippique de Lubumbashi, le ferrage se déroule selon la méthode anglaise c'est-à-dire que le maréchal-ferrant le réalise seul et à froid. Cette méthode a l'avantage d'être économique et de permettre au maréchal-ferrant d'avoir une bonne vision du sabot. Contrairement à la méthode française dans laquelle,

Le maréchal-ferrant se fait seconder par un aide et à la ferrure au travail considéré comme coercitive et réservé aux cas difficiles (Vanschepdael, 2003 et Castelijns, 2003). Le ferrage peut se réaliser à chaud ou à froid, la corne n'étant ni innervée ni vascularisée ; ce qui permet une application indolore de la ferrure même à chaud, sans oublier que le pododerme peut souffrir de la rétraction du fait de l'irradiation de la chaleur. Cependant, il est préférable d'opter pour un ferrage à froid tout aussi solide. Au cercle hippique de Lubumbashi, le renouvellement de ferrure intervient après 5 à 6 semaines ; ceci corrobore Ndour (2010) et Spriet (2002) qui fixent le rythme habituel de renouvellement de fer entre 4 et 6 semaines, tandis que pour les chevaux de course, il est fixé a 2 à 3 semaines, pas toujours en fonction de leur usure mais en fonction de la pousse de la corne.

4.3. Symptômes et/ou lésions observées

Une légère boiterie consécutive au parage excessif a été observée chez 3,63 % de chevaux suivis. En effet, d'après Hennig (2003) ; Amelineau (2004) ; Binemo (2007), le parage consiste à rendre aussi normal que possible la forme, l'inclinaison et l'aplomb du pied. C'est pour cette raison que le maréchal-ferrant doit aussi bien éviter un parage insuffisant qu'un parage excessif qui sera à l'origine d'une hypersensibilité du pied et d'éventuelles blessures profondes (Castelijns, 2003). En outre, un parage insuffisant est souvent à l'origine de la déformation du sabot, laquelle peut entraîner un mauvais appui sur le sol et amener à moyen terme des défauts de locomotions (Hodson, 2000). D'après Guillaume (2001), le brochage des clous doit être réalisé de sorte que les lames sensibles du pied ne soient pas touchées et que les clous doivent être plantés à l'extérieur de la ligne blanche pour ressortir sur la paroi sinon, on parlerait de clous serrant lesquels peuvent être à l'origine des boiteries pourquoi pas d'infection lorsque non décelées le plus tôt possible. Par ailleurs, cette légère boiterie observée a été en général accompagnée de la rougeur de la ligne blanche (2,72%), ceci serait dû non seulement au mauvais brochage du fer tel qu'élucidé ci haut mais aussi à des éventuelles plaies ou infections légères de cette structure qui anatomiquement sépare les tissus durs des tissus mous du pied (Denoix, 2000 ; Amelineau, 2004). Il a été également observé une forte boiterie due à la piqûre par un clou. D'après Hennig (2003), le clou ou tout autre objet pointu, qui traverse la sole, si elle est mince et desséchée, est susceptible d'entraîner les plaies profondes. Toutefois, il est toujours conseillé de s'assurer que la boiterie n'est pas causée par un clou de ferrure ou une infection de la ligne blanche parce que ces affections ont les mêmes symptômes et les mêmes altérations pathologiques que les plaies profondes (Collin, 2005).

5. Recommandations pour une maréchalerie de qualité au CHL

Il ressort de notre étude que la maréchalerie telle que pratiquée au Cercle Hippique de Lubumbashi, correspond du point de vue technique aux normes scientifiquement admises et recommandées par plusieurs auteurs, notamment ceux qui considèrent le ferrage non pas comme un « mal nécessaire » mais un « fait utile » (Guillaume, 2001). Au cercle hippique de Lubumbashi, le cheval cagneux et le cheval panard constituent les seules anomalies observées sur quelques chevaux. Le ferrage ou le déferrage intervenant après parage à des intervalles réguliers font de la maréchalerie une véritable préoccupation tant de la part du président du cercle, du vétérinaire, des moniteurs d'équitation et des propriétaires des chevaux que du maréchal-ferrant. En dépit des faibles pourcentages de boiteries observés dans le résultat, le ferrage à l'anglaise devrait être correctement réalisé, faisant ainsi de la maréchalerie un travail d'orfèvre au CHL.

SOMMAIRE

0. Introduction 5
0.1. Importance du pied dans la performance et la valeur du cheval . 5
0.2. Présentation de l'étude au Cercle Hippique de Lubumbashi 6
0.3. Rôle de la maréchalerie (parage & ferrage) 6
0.4. Objectif du livre 7
1. Le cheval sportif à Lubumbashi : milieu, races et exigences 8
1.1. Présentation du Cercle Hippique de Lubumbashi 8
1.2. Caractéristiques des animaux étudiés 9
1.3. Méthodes 9
2. Maréchalerie : art traditionnel ou science vétérinaire ? 11
2.1. Historique de la maréchalerie 11
2.1.1. Premières traces historiques du maréchal-ferrant dans l'Antiquité 11
2.1.2. Maréchalerie au Moyen Âge 12
2.1.3. Maréchalerie à l'époque moderne 13
2.1.4. Maréchalerie contemporaine 14
2.1.5. Préservation des techniques traditionnelles 15
2.1.6. Impact culturel et social de la maréchalerie 15
2.1.7. Place du maréchal-ferrant dans la société 16

2.2. Matériel utilisée au CHL 16

4. Analyse et interprétation vétérinaire 21

4.1. Anomalies 23

4.2. Ferrage et Parage 23

4.3. Symptômes et/ou lésions observées 25

5. Recommandations pour une maréchalerie de qualité au CHL 27

www.ingramcontent.com/pod-product-compliance
Lightning Source LLC
Chambersburg PA
CBHW070921180426
43192CB00038B/2154